Titel der französischen Ausgabe:
La nouvelle imagerie des enfants
ISBN 3-89717-059-0

10 9 8 7 6 5

Printed in France
by ***Partenaires-Livres*** ®
(JL 12-02)

Dein buntes Wörterbuch Deutsch Französisch

Illustrationen:
Yvette Barbetti, Christian Galinet, Héliadore,
Bruno Le Sourd, Michel Loppé,
Frankie Merlier, Geneviève Monjaret, Aline Riquier,
Catherine Siegel

Bilddoppelseiten:
Philip Horton, Tricia Lengyel

Aus dem Französischen von:
Stefanie Gabriel und Susanne Kaufmann

FLEURUS VERLAG

Was streichst du dir zum
Frühstück aufs Brot?

Womit süßt du den Tee?

du beurre

die Butter

du sucre

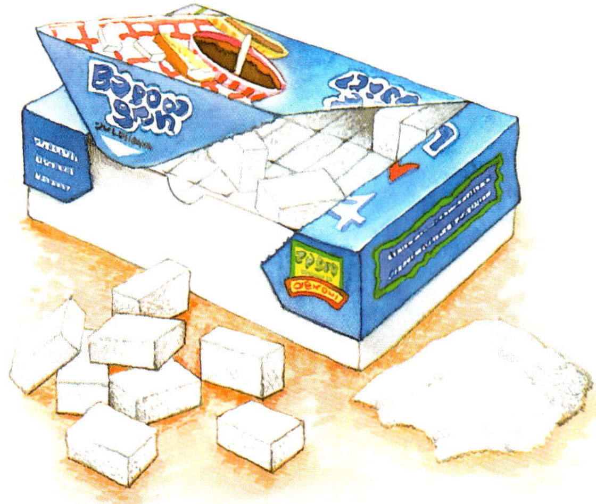

der Zucker

un pot de confiture

das Glas Marmelade

die Schokolade
du chocolat

du café moulu
das Kaffeepulver

Was schmeckt lecker, schadet aber den Zähnen?

Was isst man mit einem kleinen Löffel?

un yaourt

un petit-suisse

der Jogurt

der Quark

das Ei

un œuf

der Eierbecher

un coquetier

die Lutscher

des sucettes

des bonbons

die Bonbons

du lait

die Milch

Was kann man beim Metzger kaufen?

Was kauft man in der Bäckerei?

un pâté

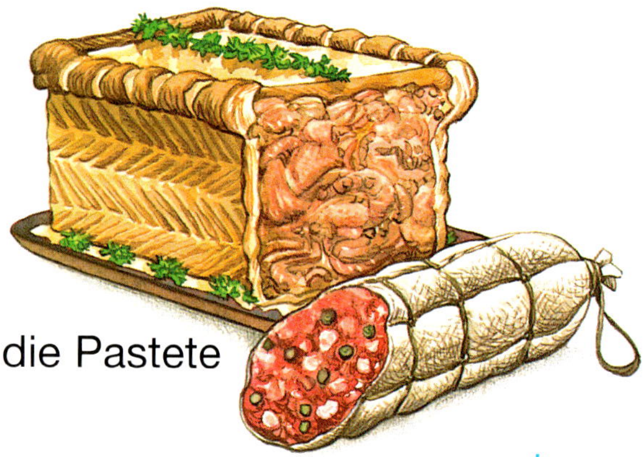

die Pastete

un saucisson

die Salami

du pain

das Brot

du jambon

der Schinken

des pâtes

die Nudeln

Was wird aus Kartoffeln gemacht?

Welche Muscheln findest du am Meer?

de la purée

der Kartoffelbrei

un poisson

der Fisch

des frites

un hamburger

die Pommes frites

der Hamburger

die Auster

une huître

une moule

die Miesmuschel

die Jakobsmuschel

une coquille Saint-Jacques

Was gibt es an Festtagen zu essen?

Was isst man mit Zucker und Marmelade?

der Rinderbraten

un rôti de bœuf

un poulet

das Hähnchen

des fromages

der Käse

un sandwich

das Baguette

une tartine

das Butterbrot

die Pfannkuchen

des crêpes

une gaufre

die Waffel

Was ist kalt und schmeckt köstlich und süß?

Welche Backwaren enthalten Früchte?

des glaces

das Eis

des biscuits

die Kekse

des céréales

das Müsli

une tarte

die Obsttorte

Aus welchen Früchten kann man Saft pressen?

Was wächst an einem Rebstock?

un gâteau

der Kuchen

un citron

die Zitrone

une orange

die Orange

du raisin

die Weintrauben

Aus welcher Frucht stellt man Most her?

Welche Früchte wachsen auf dem Pfirsichbaum?

une poire

die Birne

une pêche

der Pfirsich

une pomme

der Apfel

des prunes

die Pflaumen

Welche Frucht wächst bei uns in den Gärten?

Welche Frucht wächst nicht auf einem Baum?

un abricot

die Aprikose

un melon

die Melone

une mandarine

die Mandarine

un pamplemousse

die Grapefruit

Welche Früchte kommen aus sehr heißen, fernen Ländern?

Welche wilden Früchte kannst du am Wegrand pflücken?

un ananas

die Ananas

des mûres

die Brombeeren

une banane

die Banane

des framboises

die Himbeeren

Welche Frucht hat einen Kern?

Was knabbert das Eichhörnchen am liebsten?

des cerises

die Kirschen

des groseilles

die Johannisbeeren

une fraise

die Erdbeere

des noisettes

die Haselnüsse

Welche Frucht versteckt sich hinter einer harten Schale?

Welches Gemüse isst man nur zu einer bestimmten Zeit im Jahr?

une noix

die Walnuss

une asperge

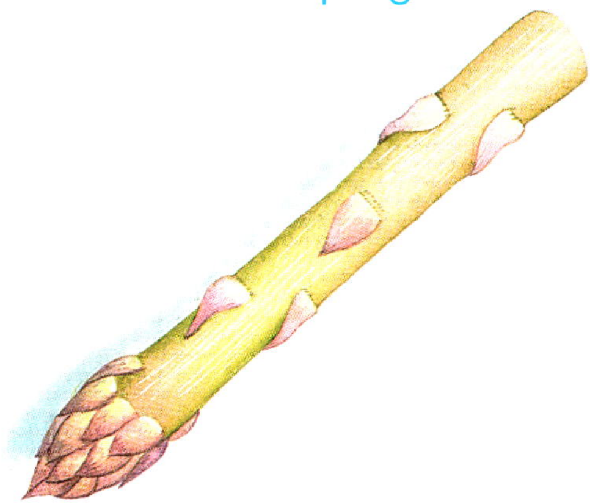

der Spargel

des olives

die Oliven

un poireau

der Lauch

Welche Gemüsesorte ist violett?

Welches Gemüse schneidet man in Scheiben, um es zu essen?

une courgette

die Zucchini

un poivron

die Paprika

une aubergine

die Aubergine

un concombre

die Gurke

Woraus werden
Pommes frites gemacht?

Welches Gemüse hat
fleischige Blätter,
die du essen kannst?

une pomme de terre

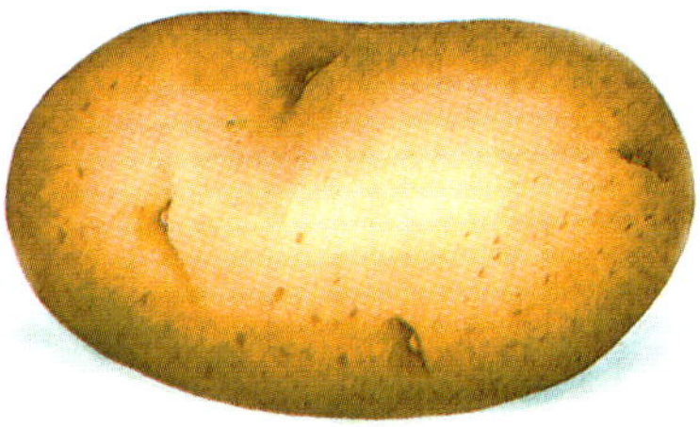

die Kartoffel

une tomate

die Tomate

une carotte

die Karotte

un artichaut

die Artischocke

Welches Gemüse besteht aus vielen gelben Körnern?

Welches Gemüse wird in Essig eingelegt?

un épi de maïs

der Maiskolben

des petits pois

die Erbsen

une citrouille

der Kürbis

un cornichon

die Gewürzgurke

Von welchem Gemüse isst man die großen, grünen Blätter?

Welches kleine, rot-weiße Gemüse schmeckt scharf?

un chou-fleur

der Blumenkohl

une salade

der Kopfsalat

un chou

der Wirsing

un radis

das Radieschen

Im Garten

Welche Dinge erkennst du wieder?

Welches Gemüse bringt den Koch beim Schneiden zum Weinen?

Was wird gezüchtet, wächst aber auch wild im Wald?

un oignon

die Zwiebel

des fines herbes

die Kräuter

de l'ail

der Knoblauch

des champignons

die Pilze

Wo rutschst du gerne hinunter?

Womit kannst du durch die Luft schwingen?

une maison

das Haus

un portique

die Schaukel

un toboggan

die Rutsche

un banc

die Bank

Womit kann man Gegenstände von weit oben herunterholen?

Wo räumt man in der Küche das Geschirr ein?

un escalier

die Treppe

des placards

der Wandschrank

une échelle

die Leiter

un escabeau

die Stehleiter

Worin werden Lebensmittel kühl gelagert?

Worin wird die Wäsche gewaschen?

un aspirateur

der Staubsauger

un lave-linge

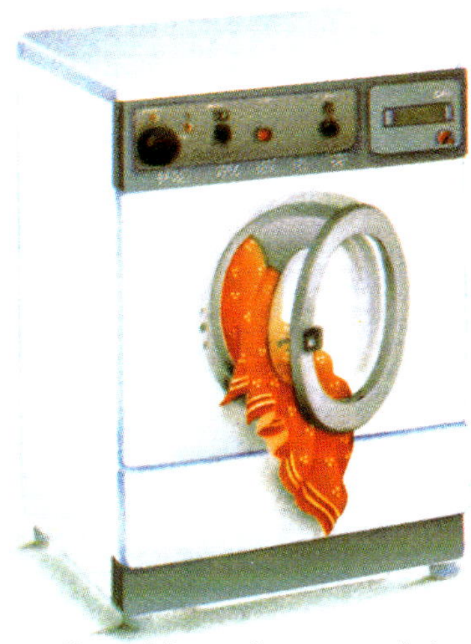

die Waschmaschine

un réfrigérateur

der Kühlschrank

un lave-vaisselle

die Geschirrspülmaschine

Wo wird der Kuchen gebacken? Wo brät man Fleisch?

Womit kocht man Kaffee?

une cuisinière

un four

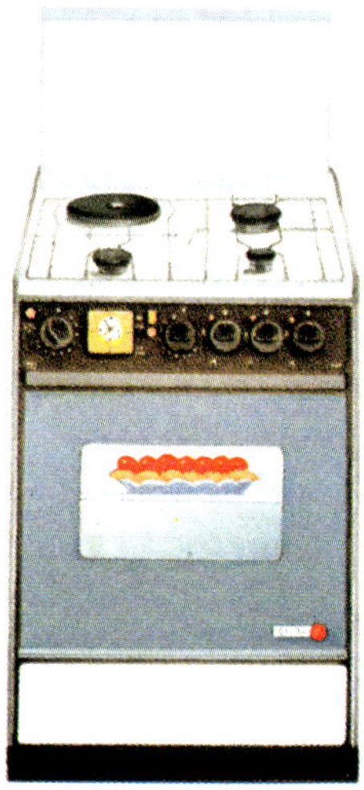

der Backofen

der Küchenherd

un robot ménager

der Mixer

un évier

die Spüle

une cafetière électrique

die Kaffeemaschine

Mit welchem Küchengerät macht man Pommes frites?

Worin brät man ein Schnitzel?

un grille-pain

der Toaster

des casseroles

die Kochtöpfe

une friteuse

die Fritteuse

une poêle

die Pfanne

Wodurch bekommen Kuchen ihre schöne Form?

Worin wärmt man Essen auf?

une cocotte

der Schmortopf

une Cocotte-Minute

der Schnellkochtopf

des moules à gâteaux

die Backformen

un four à micro-ondes

der Mikrowellenherd

Womit deckst du den Tisch?

In welches Gefäß füllt man die Soße?

das Glas

un verre

une assiette

der Teller

der Teelöffel

une petite cuillère

une grande cuillère

der Esslöffel

die Gabel

une fourchette

un couteau

das Messer

die Soßenschüssel

une saucière

un plat

die Platte

Womit wird die Suppe in die Teller gefüllt?

Was steht auf dem Frühstückstisch?

un saladier

die Salatschüssel

die Schale

un bol

une tasse

die Tasse

une louche die Suppenkelle

une soupière

die Suppenschüssel

une théière

die Teekanne

Womit transportiert man seine Einkäufe nach Hause?

Wo füllt man Salz und Pfeffer hinein?

un panier

der Korb

des bouteilles

die Flaschen

das Sieb

une passoire

une écumoire

der Schaumlöffel

un moulin à poivre

une salière

die Pfeffermühle

der Salzstreuer

In der Küche

Welche Dinge erkennst
du wieder?

Womit öffnet man eine Flasche?

Womit macht man den Gasherd an?

un entonnoir

der Trichter

une pelote de ficelle

die Schnur

der Korken

un bouchon

un tire-bouchon

der Korkenzieher

un décapsuleur

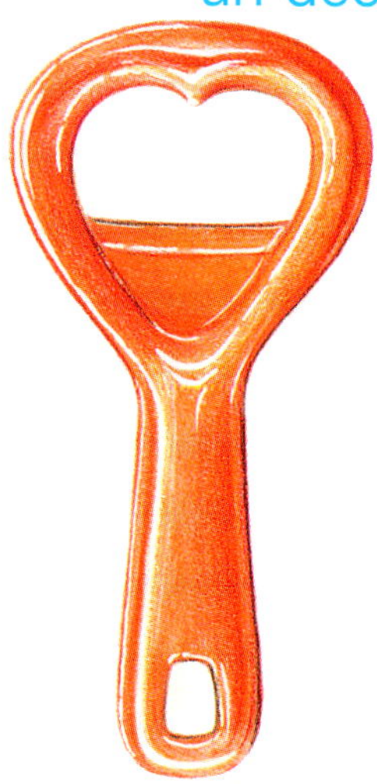

der Flaschenöffner

un allume-gaz

der Gasanzünder

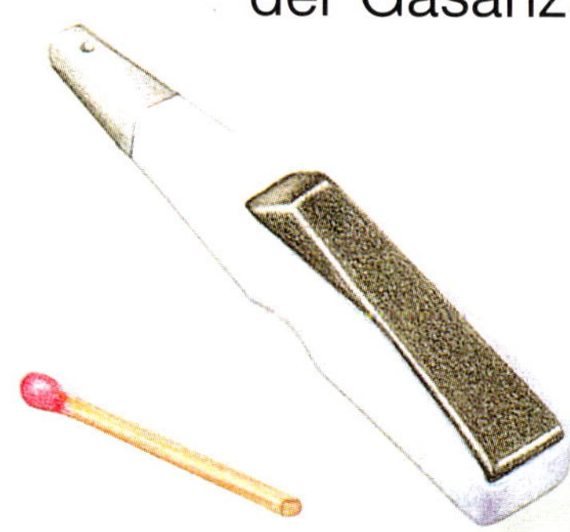

das Streichholz

une allumette

Was braucht man zum Bügeln?

Wo wirft man die Abfälle hinein?

un fer à repasser

das Bügeleisen

un balai

der Besen

une pelle

die Kehrschaufel

une table à repasser

das Bügelbrett

une poubelle

der Abfalleimer

Womit bedeckt man den Tisch, damit er schön aussieht?

Wo bewahrt man Flaschen auf?

des serviettes

die Servietten

une nappe

die Tischdecke

der Eimer

un seau

une cuvette

die Plastikschüssel

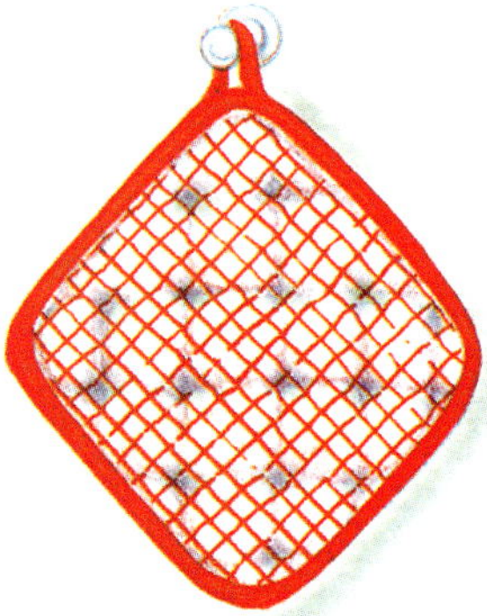

der Topflappen

une manique

un torchon

das Geschirrtuch

un casier à bouteilles

der Flaschenständer

Was hängt an der Wand und zeigt an, wie spät es ist?

Worauf kann man sich setzen und sich anlehnen?

une pendule

die Wanduhr

une chaise

der Stuhl

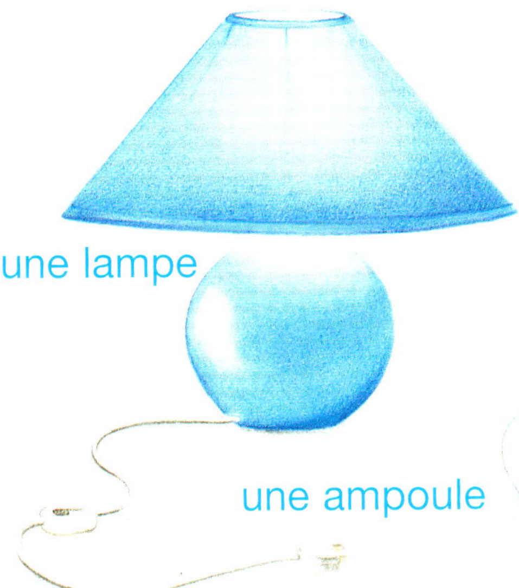

une lampe

une ampoule

die Lampe

die Glühbirne

un tabouret

der Hocker

Wohin stellt man
seine Bücher?

Worin sitzt man
sehr gemütlich?

une table

der Tisch

un fauteuil

der Sessel

une bibliothèque

der Bücherschrank

un canapé

das Sofa

Womit wird die Wohnung geheizt?

Wo räumst du deine Spielsachen ein?

un radiateur

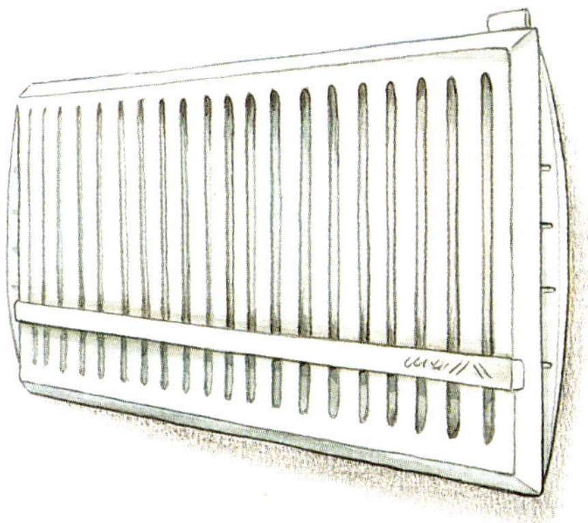

der Heizkörper

une commode

die Kommode

un tapis

der Teppich

un coffre à jouets

die Spielzeugkiste

Womit schläfst du gut im Bett?

In welches Möbelstück räumst du deine Kleidung ein?

un lit

das Bett

une armoire

der Kleiderschrank

une table de chevet

der Nachttisch

un bureau

der Schreibtisch

Worauf setzt man Kinder
zum Pipi machen?

Womit kämmst du dich?

der
Kleiderbügel

un cintre

une brosse à habits

die Kleiderbürste

der
Waschlappen

un gant
de toilette

une serviette
de toilette

das Handtuch

un pot de chambre de bébé

das Töpfchen

une brosse
à cheveux

die Haarbürste

un peigne

der Kamm

Womit putzt du dir jeden Tag die Zähne?

Womit wäschst du dir die Hände?

une brosse à ongles

die Nagelbürste

un coupe-ongles

die Nagelzange

du savon liquide

die Flüssigseife

une brosse à dents

die Zahnbürste

du dentifrice

die Zahnpasta

des barrettes

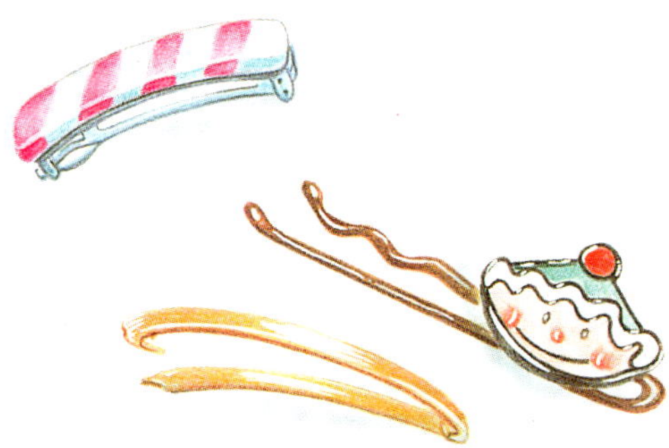

die Haarspangen

Was schäumt beim Haarewaschen?

Womit misst man Fieber, wenn man krank ist?

du shampooing

das Shampoo

un thermomètre médical

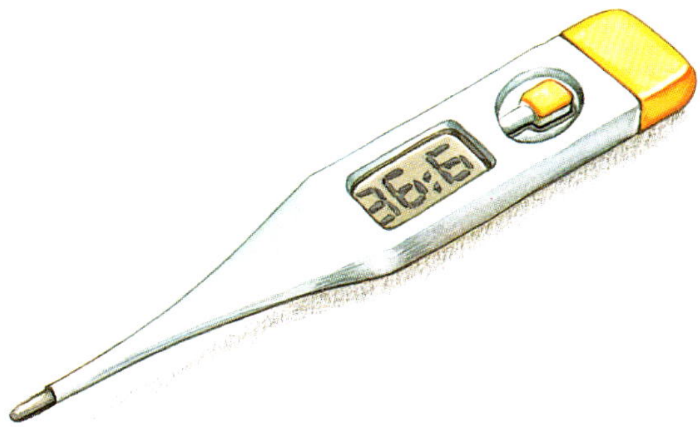

das Fieberthermometer

un rasoir électrique

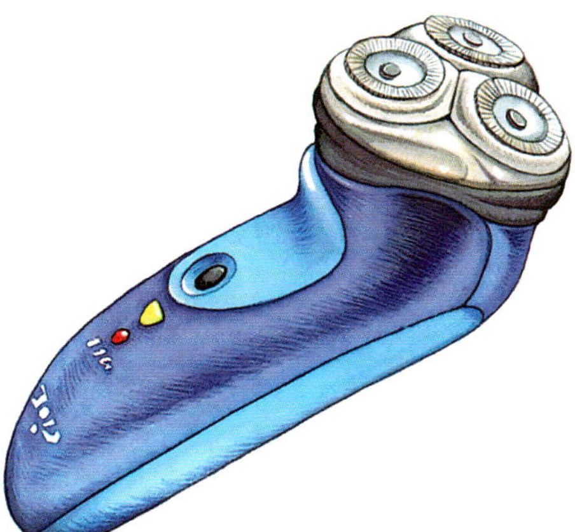

der Rasierapparat

un séchoir à cheveux

der Fön

Wohin räumt man im Badezimmer seine Sachen?

Worin kannst du ein Schaumbad nehmen?

une armoire de toilette

der Badezimmerschrank

un lavabo

das Waschbecken

un séchoir à linge

der Wäscheständer

une baignoire

die Badewanne

Was befindet sich alles
im Badezimmer?

Worauf stellt man sich,
um sich zu wiegen?

une cuvette de w.-c.

die Toilette

une armoire à pharmacie

der Arzneischrank

une douche

die Dusche

un pèse-personne

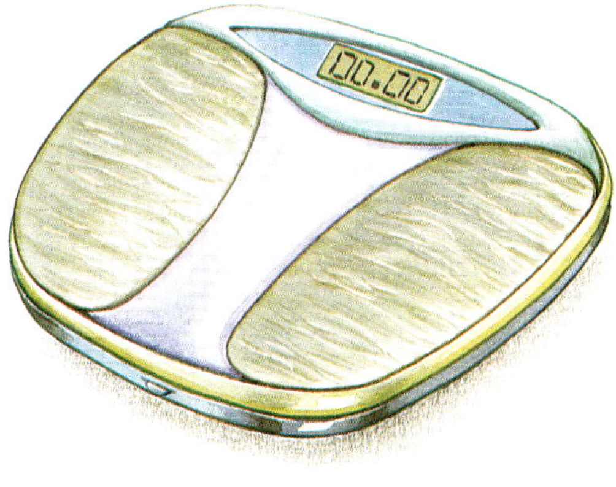

die Personenwaage

Im Kinderzimmer

Welche Dinge erkennst du wieder?

Was bringt man
vor dem Fenster an?

Was muss man tragen,
wenn man nicht gut sieht?

des doubles-rideaux

un rideau

die Gardine

der Vorhang

un parapluie

der Regenschirm

un lustre

die Deckenlampe

des paires de lunettes

die Brillen

Worin kann man schöne Geschichten lesen?

Wohinein steckt man einen Brief, bevor man ihn abschickt?

un journal

die Zeitung

une lampe de poche

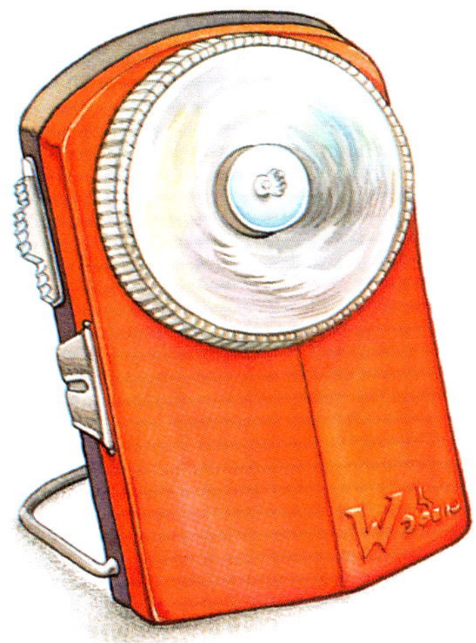

die Taschenlampe

un livre

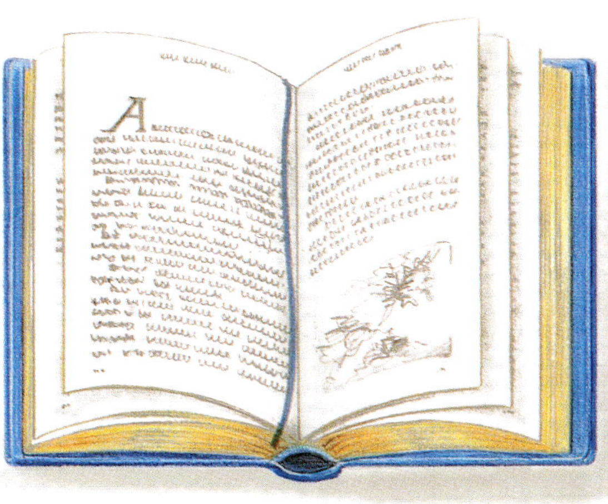

das Buch

une enveloppe

der Briefumschlag

Womit kann man Türen auf- und zuschließen?

Womit kannst du mit Menschen sprechen, die weit weg sind?

des clés

die Schlüssel

un tableau

das Bild

un vase

die Blumenvase

un téléphone fixe

das Telefon

un téléphone portable

das Handy

Was weckt uns morgens mit Musik?

Worin transportiert man seine Kleider, wenn man verreist?

un radio-réveil

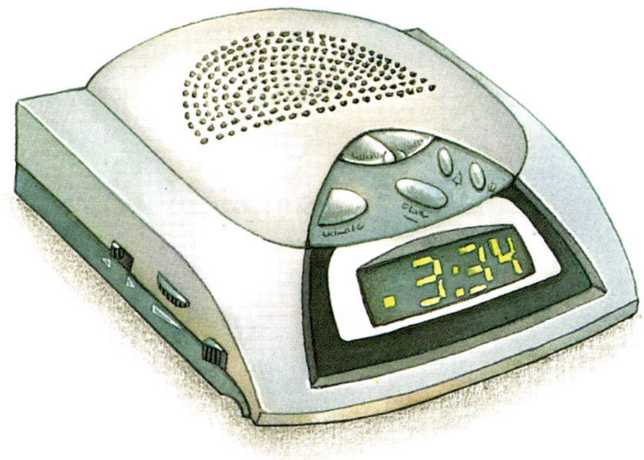

der Radiowecker

un aquarium

das Aquarium

une cage

der Vogelkäfig

une valise

der Koffer

Mit welchem Spielzeug kannst du Türme und Burgen bauen?

Womit kannst du prima kuscheln?

un jeu de petits chevaux

das Brettspiel

une poupée

die Puppe

des cubes

die Bauklötze

une peluche

das Stofftier

Was brauchst du,
um Cowboy zu spielen?

Welches Spielzeug
hat Pedale?

un cheval à bascule

das Schaukelpferd

un tricycle

das Dreirad

une trottinette

der Roller

des marionnettes

die Handpuppen

Womit wirft man Kegel um?

Womit ist man schneller als Spaziergänger?

des quilles

die Kugel
une boule

die Kegel

des rollers

die Inline-Skates

des billes

die Murmeln

un jeu de fléchettes

das Dartspiel

Womit isst die Puppe?

Bei welchem Spiel entsteht aus vielen Einzelteilen ein Bild?

un ballon

der Ball

un puzzle

das Puzzle

une dînette

das Puppengeschirr

un album

das Bilderbuch

Worauf befinden sich Herz, Karo, Kreuz und Pik?

Was lässt man bei Wind in den Himmel steigen?

des cartes à jouer

die Spielkarten

der Eimer

un seau

une pelle

die Schaufel

une corde à sauter

das Springseil

un cerf-volant

der Drachen

Womit trägst du
deine Bücher und Hefte
zur Schule?

Womit verzierst du Briefe
und Karten?

un cartable

der Schulranzen

un crayon

der Bleistift

une trousse

das Mäppchen

des crayons de couleur

die Buntstifte

Womit kann man Abstände messen und Linien ziehen?

Womit kannst du eine Bleistiftzeichnung ausradieren?

un crayon-feutre

der Filzstift

une gomme

der Radiergummi

une règle

das Lineal

un taille-crayon

der Spitzer

Womit schreibt man auf eine Tafel?

Was brauchst du, um ein buntes Bild zu malen?

une ardoise

die Tafel

un cahier

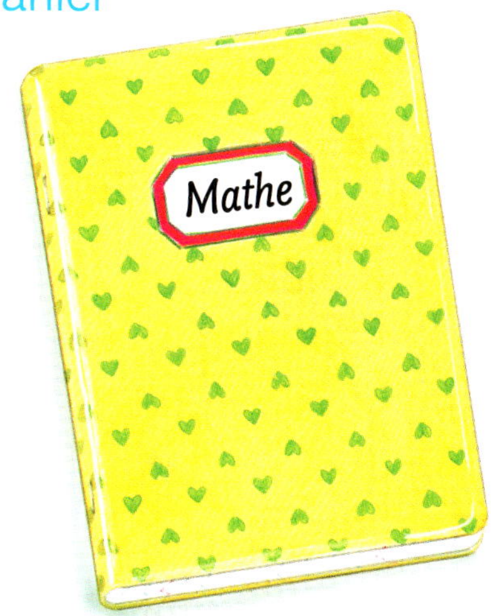

das Heft

une éponge

der Schwamm

die Kreide
une craie

une boîte de peinture

un pinceau
der Pinsel

der Malkasten

Wie werden kleine Dinge größer, damit man sie besser sehen kann?

Worin fährt man kleine Kinder spazieren?

une loupe

die Lupe

un parc

der Laufstall

un stylo-plume

der Füller

une poussette

der Buggy

Wie nimmt man Babys mit auf einen Spaziergang?

Worin kann ein Baby bequem sitzen?

un landau

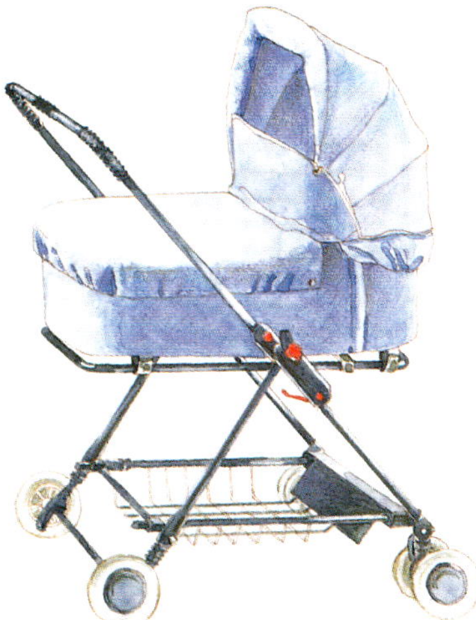

der Kinderwagen

un lit de bébé

das Kinderbett

un couffin

die Babytragetasche

un relax

die Babywippe

Womit gibt man Babys Milch zu trinken?

Was wechselt man oft, damit die Babys trocken bleiben?

un mobile

das Mobile

une couche

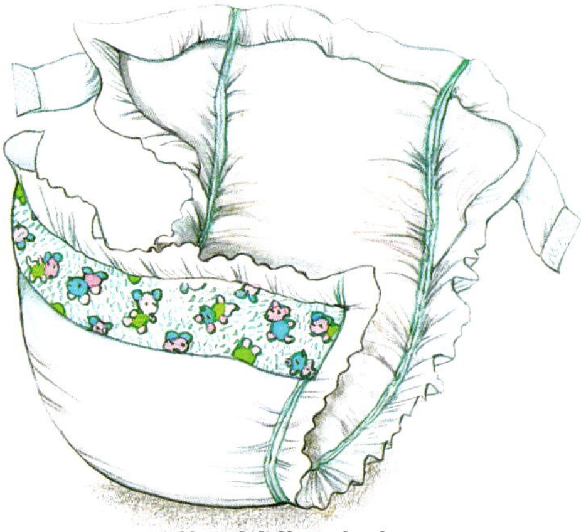

die Windel

un biberon

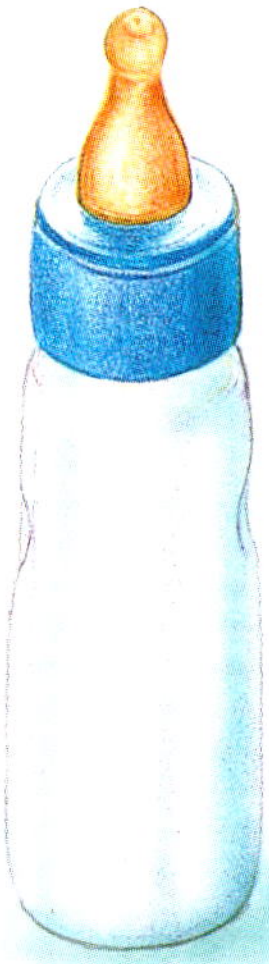

die Milchflasche

un body

das Hemdchen

Was bindet man Babys zum Essen um?

Was ziehen Mädchen zum Schlafen an?

une serviette de bébé

das Lätzchen

des chaussons de bébé

die Babyschuhe

un pyjama de bébé

der Strampelanzug

une chemise de nuit

das Nachthemd

Was tragen Jungen zum Schlafen?

Was ziehen Mädchen im Sommer an?

un peignoir en éponge

der Bademantel

une robe

das Kleid

un pyjama

der Schlafanzug

un pantalon

die Hose

Welche Hose kann nicht rutschen?

Welche Kleidung tragen Sportler?

une jupe

der Rock

un manteau

der Mantel

une salopette

die Latzhose

un survêtement

der Jogginganzug

Was ziehst du dir über, wenn es kühl ist?

Womit hältst du dich warm, wenn du im Schnee spielst?

un pull-over

der Pullover

un anorak

der Anorak

un gilet

die Strickjacke

un coupe-vent

die Windjacke

Was tragen Mädchen unter der Hose oder dem Rock?

Was ziehen Jungen im Sommer an?

une culotte

die Unterhose

un short

die Shorts

un slip

die Badehose

un maillot de bain

der Badeanzug

Was tragen Jungen und Mädchen, wenn es warm ist?

Was zieht man an, bevor man in die Schuhe schlüpft?

un tee-shirt

das T-Shirt

un imperméable

der Regenmantel

une chemise

das Hemd

des chaussettes

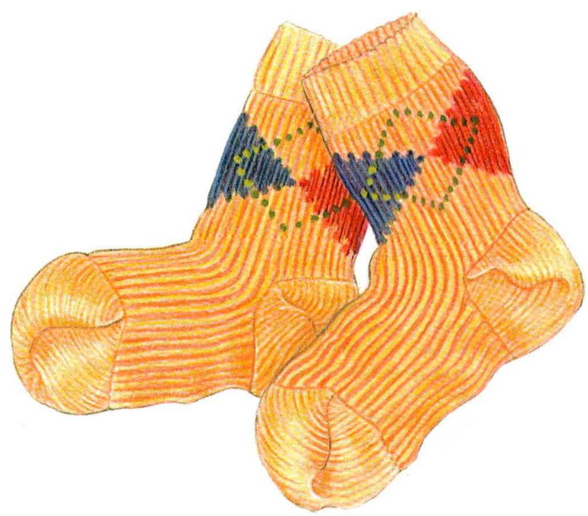

die Socken

Was zieht man an,
um die Hände vor Kälte
zu schützen?

Was setzt man sich
auf den Kopf, wenn es
kalt ist?

un bonnet

die Mütze

une écharpe

der Schal

une cagoule

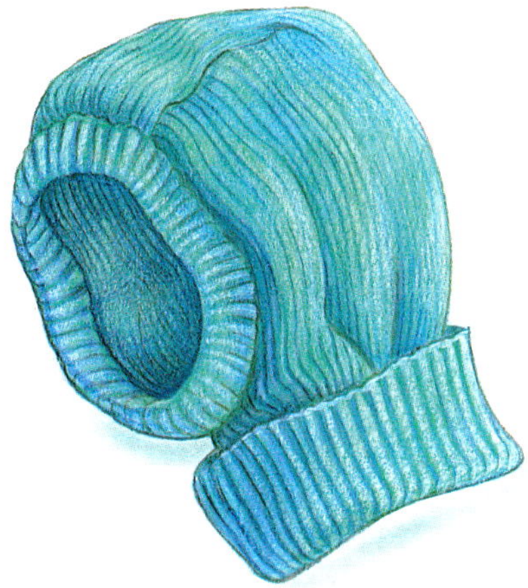

die Kapuzenmütze

die Fingerhandschuhe

des moufles

des gants

die Fäustlinge

une paire de collants

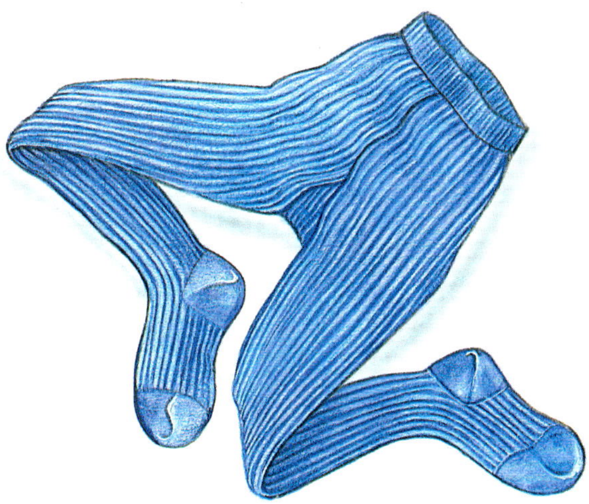

die Strumpfhose

Was trägst du an den Füßen, wenn du zu Hause bist?

Mit welchen Schuhen kann man auch durch Pfützen laufen?

des baskets

die Turnschuhe

des bottes

die Gummistiefel

des chaussons

die Hausschuhe

des chaussures

die Halbschuhe

Was zieht man an, damit die Hose nicht rutscht?

Womit putzt man sich die Nase?

une casquette

die Schirmmütze

un mouchoir en papier

das Papiertaschentuch

des bretelles

die Hosenträger

une ceinture

der Gürtel

Im Park

Welche Dinge erkennst du wieder?

Welches Schmuckstück trägt man um den Hals?

Was zeigt die Zeit an und wird am Handgelenk getragen?

un collier
die Halskette

des boucles d'oreilles

die Ohrringe

des bagues
die Ringe

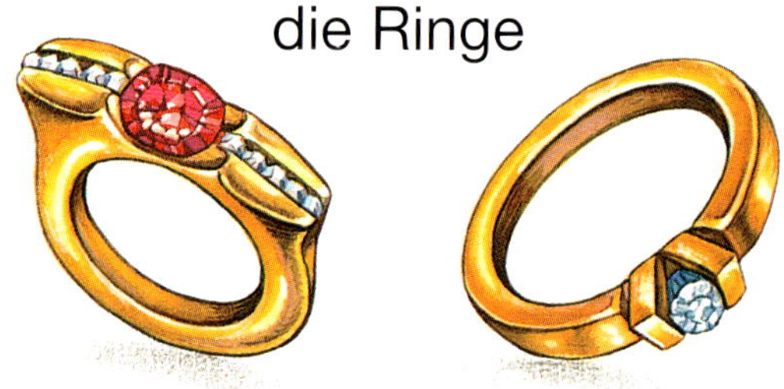

une alliance

der Ehering

des bracelets

die Armreifen

une montre

die Armbanduhr

Womit kann man
unterwegs Musik hören?

Mit welchem Gerät kann
man Kassetten abspielen?

un disque compact

die CD

une chaîne hi-fi

die Stereoanlage

un baladeur

der Walkman

une radio-cassette

der Kassettenrekorder

Womit kann man Gegenstände und Personen filmen?

Womit fotografiert man?

une caméra

die Videokamera

un appareil photo

der Fotoapparat

un magnétoscope

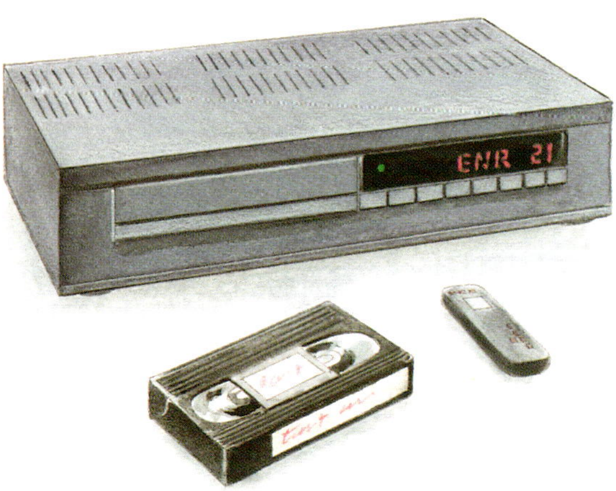

der Videorekorder

un ordinateur

der Computer

Mit welchem Gerät kann man Sportsendungen sehen?

Was nimmt man mit ins Wasser, wenn man nicht gut schwimmen kann?

une console de jeux

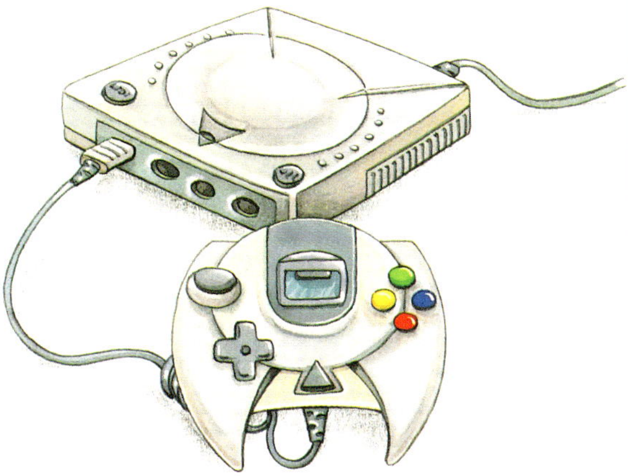

die Spielkonsole

un parasol

der Sonnenschirm

un poste de télévision

der Fernseher

une bouée

der Schwimmreifen

Womit kann man auf dem Schnee gleiten?

Wie kommt man auf einen Berg, ohne laufen zu müssen?

die Skier
des skis

des bâtons de skis
die Skistöcke

une planche de surf

das Snowboard

une luge

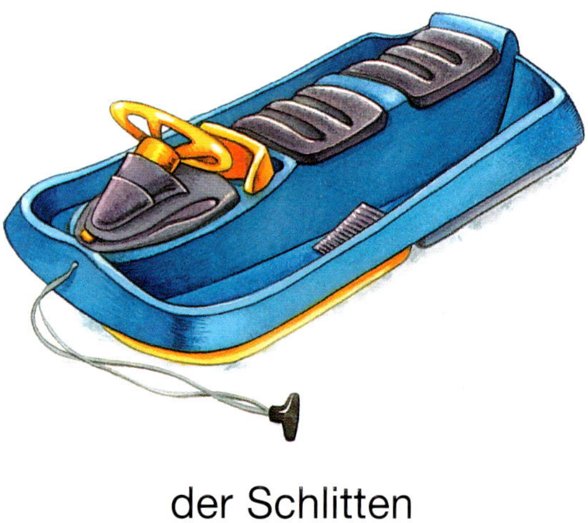

der Schlitten

un téléphérique

die Seilbahn

Was braucht man zum Tennisspielen?

Womit angelt man Fische?

die Tischtennisschläger

des raquettes de ping-pong

der Tischtennisball

une balle de ping-pong

une tente de camping

das Zelt

une balle de tennis

der Tennisball

une raquette de tennis

der Tennisschläger

une canne à pêche

die Angel

Was wird vom Wind auf dem Wasser vorangetrieben?

Für welches Boot braucht man Ruder?

une planche à voile

das Surfbrett

un canot pneumatique

das Schlauchboot

un voilier

das Segelboot

une barque

des rames
die Ruder

das Ruderboot

Womit kann man fliegen wie ein Vogel?

Womit kann man Dinge sehen, die sehr weit weg sind?

un parachute

der Fallschirm

un sac à dos

der Rucksack

un deltaplane

der Drachenflieger

des jumelles

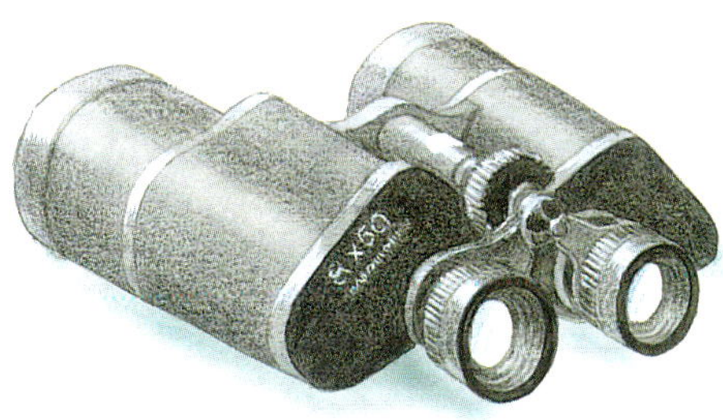

das Fernglas

Welche Musikinstrumente haben Saiten?

Welches Instrument hat weiße und schwarze Tasten?

un archet

un violon

der Bogen die Geige

un orgue électronique

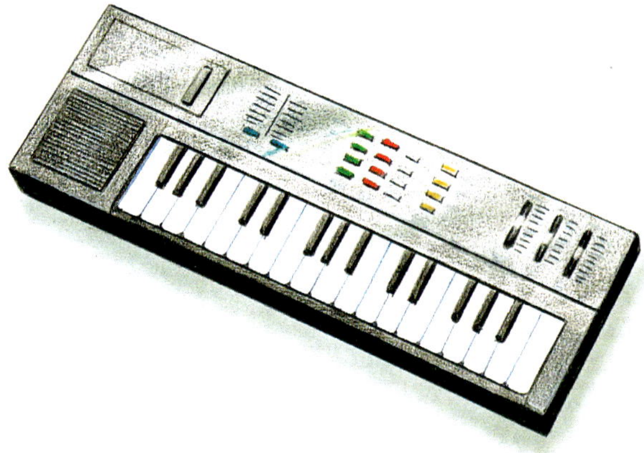

das Keyboard

une guitare

die Gitarre

un xylophone

das Xylophon

Welche Instrumente erzeugen Töne, wenn man hineinbläst?

Womit gräbt man den Garten um?

un tambourin

das Tamburin

une trompette

die Trompete

une flûte

die Flöte

une bêche

der Spaten

Womit transportiert man Gartenerde?

Womit mäht man den Rasen?

un râteau

der Rechen

une tondeuse à gazon

der Rasenmäher

une brouette

die Schubkarre

un sécateur

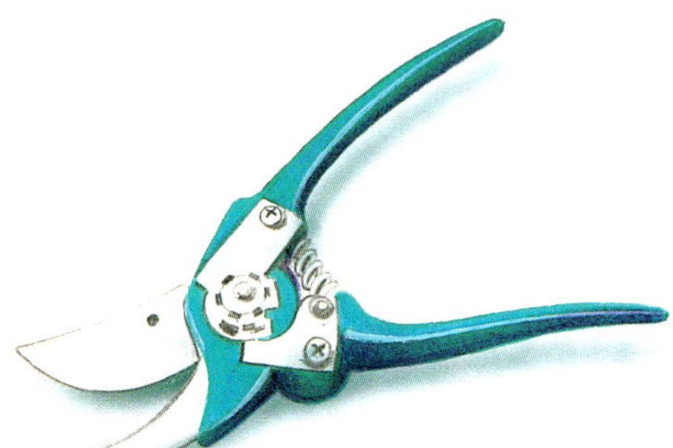

die Gartenschere

Wo füllt man Wasser hinein, um die Blumen zu gießen?

Welches Werkzeug verwendet man, um Nägel herauszuziehen?

un arrosoir

die Gießkanne

une pince

die Flachzange

un marteau

der Hammer

des tenailles

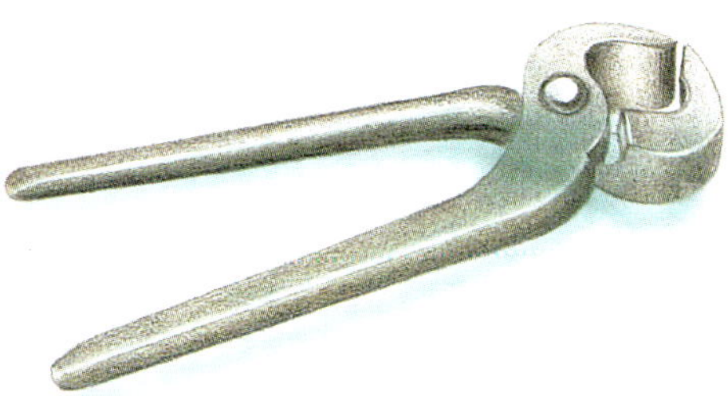

die Beißzange

Womit zieht man Schrauben fest?

Mit welchem elektrischen Gerät kann man Löcher in die Wand bohren?

un tournevis

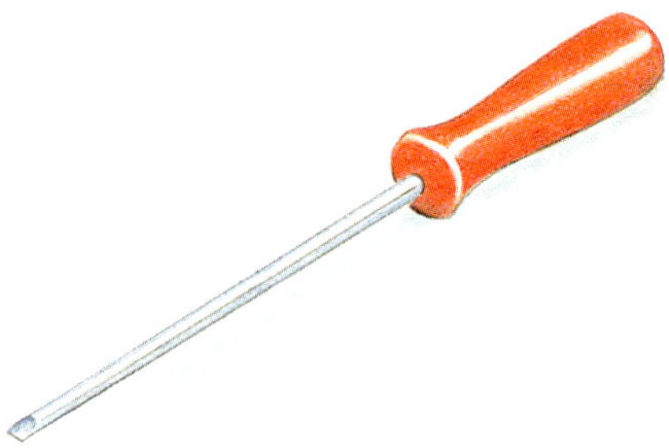

der Schraubenzieher

der Nagel
un clou

die Schraube
une vis

un écrou
die Mutter

une vrille

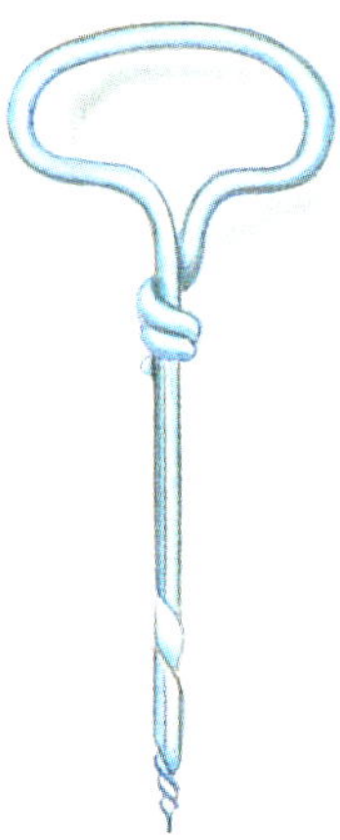

der Handbohrer

une perceuse

die Bohrmaschine

Mit welchem Werkzeug zerkleinert man Holz?

Womit misst man die Länge von Gegenständen?

une scie

die Säge

un mètre à ruban

das Maßband

une hache

die Axt

un niveau

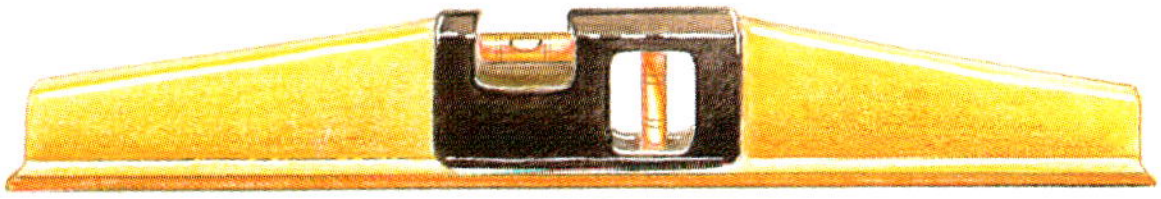

die Wasserwaage

Womit näht man Knöpfe an?

Womit kann man
Papier, Faden oder Stoff
abschneiden?

une bobine de fil

die Garnrolle

une aiguille

die Nadel

une épingle de sûreté

die
Sicherheitsnadel

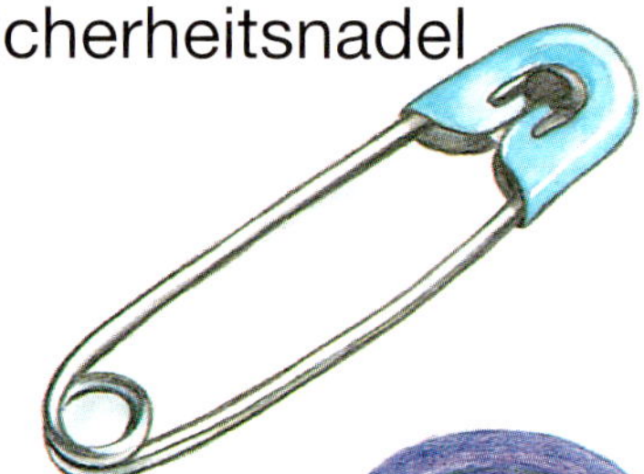

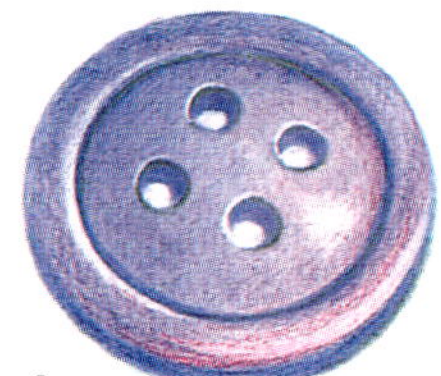

un bouton

der Knopf

une paire de ciseaux

die Schere

un dé
à coudre

der Fingerhut

une fermeture
à glissière

der Reißverschluss

Was braucht man, um einen Pullover zu stricken?

Wann musst du am Straßenrand stehenbleiben?

das Wollknäuel
une pelote de laine

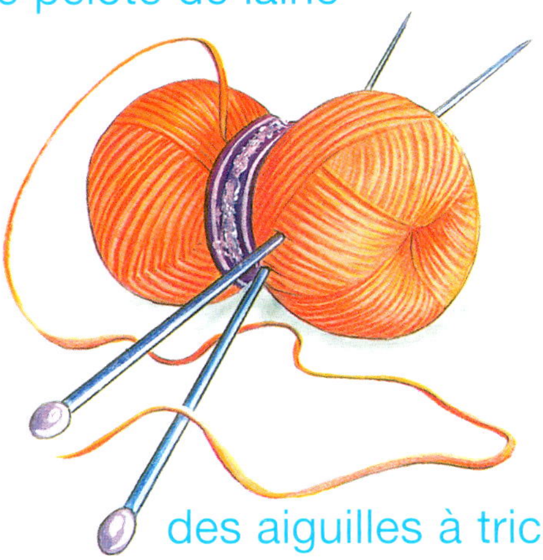

des aiguilles à tricoter
die Stricknadeln

une machine à coudre

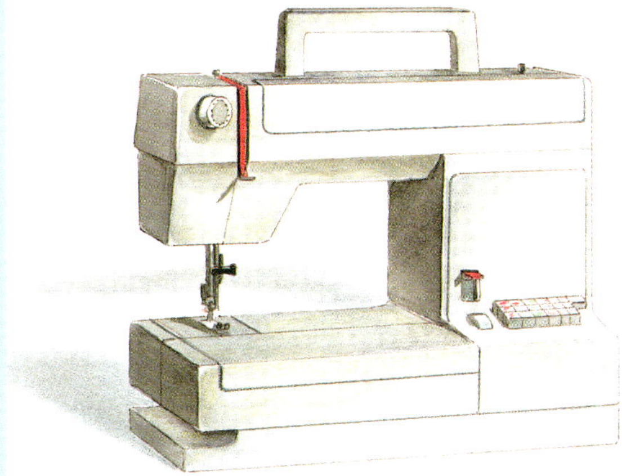

die Nähmaschine

un canevas

das Stickbild

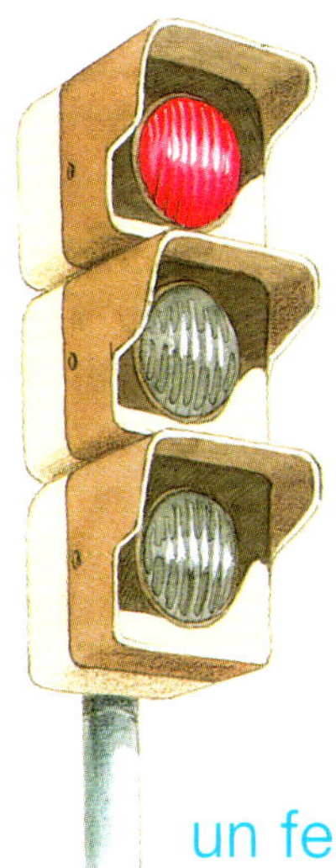

un feu tricolore
die Verkehrsampel

Welches Fahrzeug
befördert viele Menschen
gleichzeitig?

Welcher Lastwagen
transportiert Benzin?

une voiture

das Auto

un camion

der Lastwagen

un autocar

der Bus

un camion-citerne

der Tankwagen

Mit welchem Fahrrad kann man durch den Wald fahren?

Womit schützt man beim Motorradfahren seinen Kopf?

un vélo tout-terrain (VTT)

das Mountainbike

un scooter

der Motorroller

une moto

das Motorrad

un casque

der Sturzhelm

Womit pumpt man Fahrradreifen auf?

Womit werden auf der Baustelle schwere Lasten hochgehoben?

une pompe à vélo

die Luftpumpe

une grue

der Kran

un pneu

der Autoreifen

une pelle mécanique

der Bagger

Mit welcher Maschine erntet der Bauer Getreide?

Was kann man an das Auto anhängen, wenn man in den Urlaub fährt?

un bulldozer

der Bulldozer

une caravane

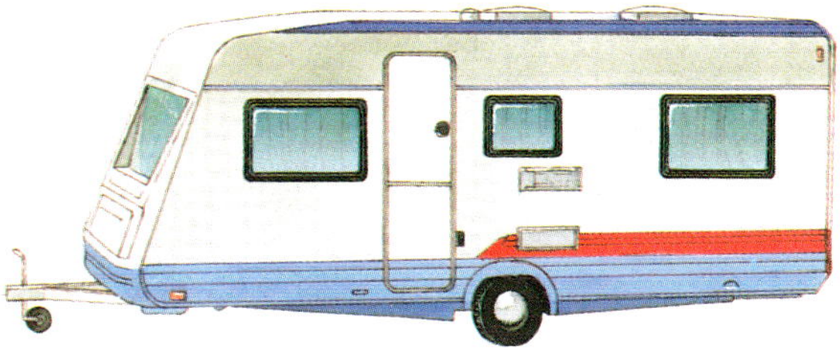

der Wohnwagen

une moissonneuse-batteuse

der Mähdrescher

un tracteur

der Traktor

Was fährt auf Schienen
und ist sehr schnell?

Was fliegt hoch
am Himmel und befördert
viele Passagiere?

un train

der Zug

un hélicoptère

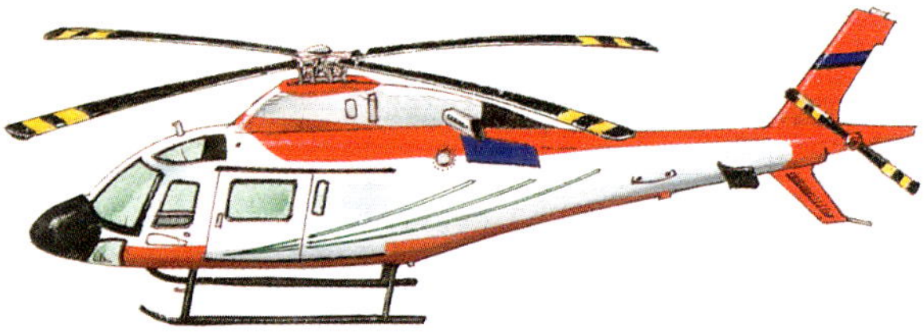

der Hubschrauber

un bateau

das Schiff

un avion

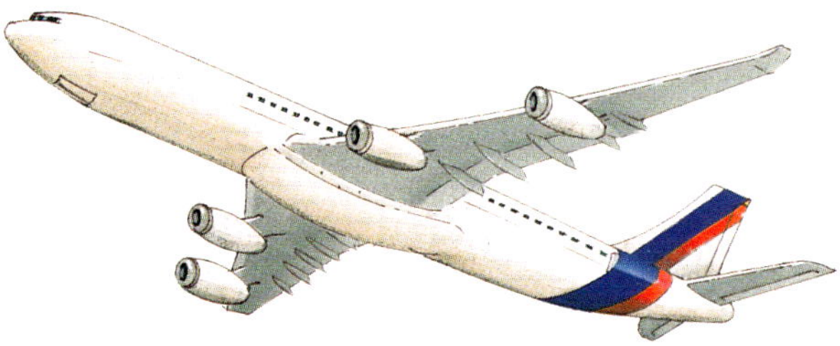

das Flugzeug

Mit welchem Gefährt fliegen Menschen zum Mond?

Was leuchtet nachts am wolkenlosen Himmel?

une fusée

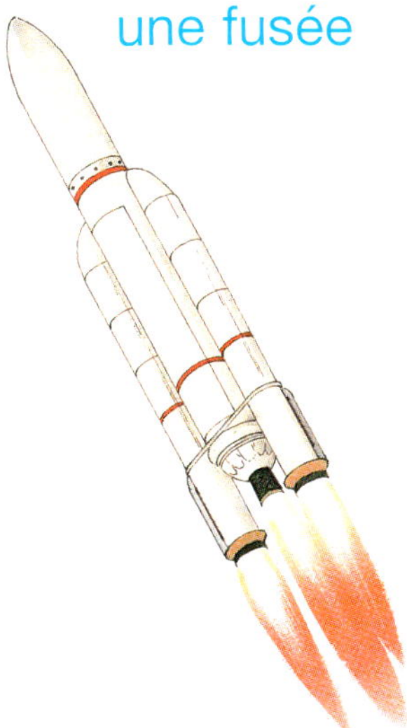

die Rakete

le soleil

die Sonne

une navette spatiale

die Raumfähre

les étoiles
die Sterne

la lune
der Mond

Rund um den Verkehr

Welche Dinge erkennst du wieder?

Was sieht man am Himmel, wenn nach dem Regen die Sonne wieder scheint?

Was wächst im Frühling an den Zweigen der Bäume?

un arc-en-ciel

der Regenbogen

un arbre

der Baum

un feu

das Feuer

une branche d'arbre

des feuilles
die Blätter

der Zweig

Was wächst auf
einem Nadelbaum?

Was hat im Herbst
eine stachelige Schale?

des châtaignes

die Esskastanien

des marrons

die Kastanien

une pomme de pin

der Zapfen

des glands

die Eicheln

An welcher Pflanze kann man sich stechen?

Welche Blume hat eine gelbe Blüte?

une rose

die Rose

un bleuet

die Kornblume

du houx

die Stechpalme

une jonquille

die Narzisse

Welche rote Blume wächst im Sommer am Wegrand?

Mit welcher Blume spielt man „Er liebt mich … er liebt mich nicht“?

un coquelicot

die Mohnblume

une marguerite

die Margerite

un bouton d'or

die Butterblume

une tulipe

die Tulpe

Welche Blume blüht schon im Frühling?

Welche Blumen schmücken oft den Balkon?

un pétunia

die Petunie

un géranium

die Geranie

une primevère

die Primel

un œillet

die Nelke

Welche Blume blüht hier blau?

Welche Blume blüht auf fast allen Wiesen?

une anémone

die Anemone

une capucine

die Kapuzinerkresse

une pensée

das Stiefmütterchen

des pâquerettes

das Gänseblümchen

Welche Blume ist nach einem Monat benannt?

Welche gelbe Blume blüht in manchen Gegenden im Winter?

des violettes

das Veilchen

une branche de mimosa

die Mimose

un brin de muguet

das Maiglöckchen

une jacinthe

die Hyazinthe

Welche Pflanze hat
Stacheln und braucht
kaum Wasser?

Welcher bunte Vogel
redet oft viel?

un iris

die Schwertlilie

un chardon

die Distel

un cactus

der Kaktus

un perroquet

der Papagei

Welcher Vogel singt schon im Morgengrauen?

Welcher Vogel baut sein Nest oft unter dem Dach?

un corbeau

der Rabe

un moineau

der Spatz

un merle

die Amsel

une hirondelle

die Schwalbe

Welcher Vogel ist angeblich ein Dieb?

Welcher Vogel hat einen hübschen roten Fleck am Hals?

une pie

die Elster

un rouge-gorge

das Rotkehlchen

une mouette

die Möwe

un pigeon

die Taube

Welcher Vogel schläft bei Tag und wird in der Nacht munter?

Welches Tier bewegt sich ohne Beine vorwärts?

un aigle

der Adler

un crocodile

das Krokodil

un hibou

die Eule

un serpent

die Schlange

Was unterscheidet ein Kamel von einem Dromedar?

Welches Tier schleckt gerne Honig und frisst Fische?

un chameau

das Kamel

un ours

der Bär

un panda

der Panda

un dromadaire

das Dromedar

Welches Tier hat
ein gestreiftes Fell?

Welches Tier wird „König
der Tiere“ genannt?

une panthère

der Panter

un lion

der Löwe

un tigre

der Tiger

un singe

der Affe

Welches Tier hat einen sehr langen Hals?

Welches Tier hat große Stoßzähne und ist sehr schwer?

une girafe

die Giraffe

un éléphant

der Elefant

un hippopotame

das Nilpferd

un rhinocéros

das Nashorn

Welches Tier trägt sein Junges in einer Tasche am Bauch?

Welches Tier steckt seinen Kopf in den Sand?

un kangourou

das Känguru

une gazelle

die Gazelle

un zèbre

das Zebra

une autruche

der Strauß

Welcher Vogel
benutzt seine Flügel zum
Schwimmen?

Welches Meerestier
ist größer und schwerer
als ein Lastwagen?

un manchot

der Pinguin

une baleine

der Wal

un dauphin

der Delfin

un phoque

die Robbe

Welche Tiere haben große Scheren und leben am Meeresgrund?

Was fängt man mit einem Netz im Meer?

un homard

der Hummer

une crevette

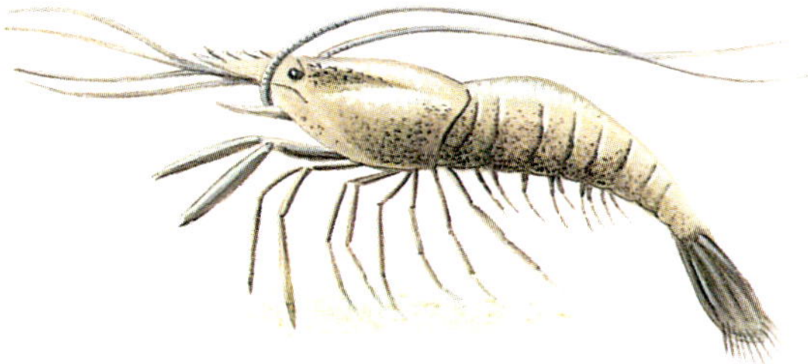

die Garnele

un crabe

der Krebs

un cygne

der Schwan

Welcher große Vogel baut sein Nest auf Schornsteinen?

Welches Tier baut Staudämme in Flüssen und Bächen?

une cigogne

der Storch

un castor

der Biber

une grenouille

der Frosch

un cobaye (cochon d'Inde)

das Meerschweinchen

Welches kleine Tier frisst gerne Käse und knabbert Brot an?

Welches Tier trägt sein Haus auf dem Rücken und mag Regen?

une souris

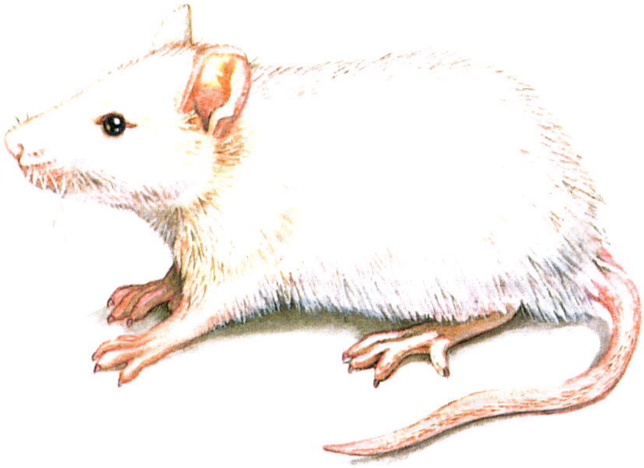

die Maus

un escargot

die Schnecke

une limace

die Nacktschnecke

une tortue

die Schildkröte

Welches Tier wärmt sich gerne in der Sonne auf?

Welches kleine Tier ist rot und hat schwarze Punkte?

un ver de terre

der Regenwurm

une sauterelle

die Heuschrecke

un lézard

die Eidechse

une coccinelle

der Marienkäfer

Welches Tier war
eine Raupe, bevor es
fliegen konnte?

Welches Insekt brummt
beim Fliegen und
kann stechen?

une fourmi

die Ameise

une mouche

die Fliege

un papillon

der Schmetterling

un moustique

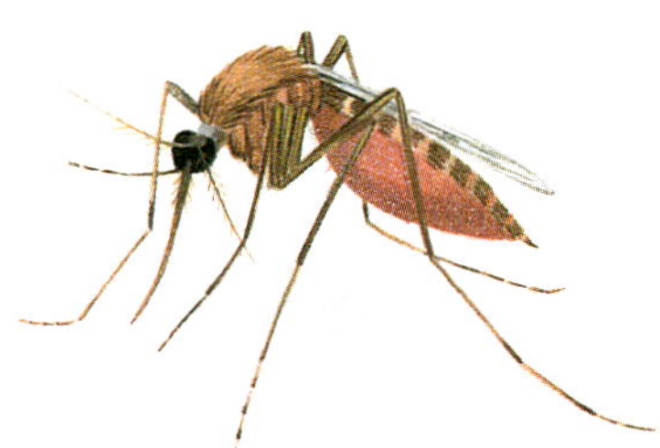

die Mücke

Welches Insekt lebt in einem Bienenstock und stellt Honig her?

Welches Tier webt ein Netz und fängt darin Insekten?

une guêpe

die Wespe

une araignée

die Spinne

der Bienenstock

une ruche

une abeille

die Biene

une libellule

die Libelle

Welches Tier verwandelt
sich in einen schönen
Schmetterling?

Welches niedliche Tier
knabbert gerne
Haselnüsse?

une chenille

die Raupe

un lapin

das Kaninchen

un lièvre

der Hase

un écureuil

das Eichhörnchen

Wie heißen die Eltern
des Hirschkalbes?

Von welchem Tier sagt
man, es sei sehr schlau?

un lynx

der Luchs

une biche

die Hirschkuh

un faon

das Hirschkalb

un cerf

der Hirsch

un renard

der Fuchs

Welches Waldtier durchwühlt den Boden nach Eicheln?

Welches Tier ähnelt dem Hund, lebt im Wald und heult?

un hérisson

der Igel

un loup

der Wolf

un sanglier

das Wildschwein

un chien

der Hund

Welche Tiere paddeln gerne im Wasser herum?

Auf welchem störrischen Tier kann man reiten?

un chat

die Katze

un âne

der Esel

die Ente

une cane

un caneton

das Entenküken

un canard

der Erpel

Welcher Vogel kann auch schwimmen?

Welches Tier kräht frühmorgens auf dem Bauernhof?

une oie

die Gans

une poule

die Henne

un poussin

das Küken

un dindon

der Truthahn

un coq

der Hahn

Welches rosarote Tier wälzt sich gerne im Schlamm?

Welche Tiere geben Milch?

une chèvre

die Ziege

une vache

die Kuh

un veau

das Kalb

un cochon

das Schwein

un taureau

der Stier

Welches Tier hat
ein dickes Fell, aus dem
Wolle gemacht wird?

die Schafe
des moutons

der Schafbock
un bélier

das Mutterschaf
une brebis

das Lamm
un agneau

die Stute
une jument

un poulain
das Fohlen

die Pferde
des chevaux

THEMATISCHES
INHALTSVERZEICHNIS

BILDDOPPELSEITEN

ALPHABETISCHES VERZEICHNIS